Franz Hohler
Der Granitblock im Kino

Franz Hohler, 1943 geboren, lebt in Zürich. Er ist als Kabarettist und Autor tätig und schreibt neben seinen Büchern und Theaterstücken für Erwachsene auch immer wieder erfolgreich für Kinder. »Tschipo«, sein erster Kinderroman, wurde mit dem Oldenburger Kinderbuchpreis ausgezeichnet und stand auf der Auswahlliste zum Deutschen Jugendliteraturpreis. Im Ravensburger Buchverlag ist der Geschichtenband »Der Riese und die Erdbeerkonfitüre« erschienen.

Von Franz Hohler sind in den Ravensburger Taschenbüchern außerdem erschienen:
RTB 1746   Tschipo
RTB 1753   Tschipo und die Pinguine
RTB 1830   Dr. Parkplatz

Franz Hohler

Der Granitblock im Kino

und andere Geschichten

Mit Zeichnungen von
Matthias Berthold

Otto Maier Ravensburg

Als Ravensburger Taschenbuch Band 1878
erschienen 1993
© 1993 Ravensburger Buchverlag Otto Maier GmbH

Die Geschichtensammlung erschien erstmals 1981
im Hermann Luchterhand Verlag, GmbH & Co. KG,
Darmstadt und Neuwied

Umschlagillustration: Matthias Berthold

Alle Rechte vorbehalten durch
Ravensburger Buchverlag Otto Maier GmbH
Gesamtherstellung: Ebner Ulm
Printed in Germany

5 4 3 2 1   97 96 95 94 93

ISBN 3-473-51878-6

Inhalt

Der tragische Tausendfüßler   7

Der Pfingstspatz   9

Die ungleichen Regenwürmer   10

Ein schöner Nachmittag   11

Der Granitblock im Kino   13

Der Affe und das Krokodil   15

Der Nebel in der Wüste   17

Eine dicke Freundschaft   24

Die feindlichen Schrauben   27

Die seltsame Hochzeit   29

Wo die Kälte herkommt   31

Bum und die Bummer   32

Die runde Insel   33

Made in Hongkong   35

Das Zündhölzchenspiel   38

Der Preßluftbohrer und das Ei   40

Der große Ball   41

Gespenstergeschichte   43

Schafgeschichte   44

Nachbars Hund   48

Der schlechte Esser   51

Die kranken Schwestern   54

Das Kind im Manne   56

Die Kleider des Herrn Zogg   59

Der alte Mann   61

Der Gärtner   66

Das Land in der Stadt   67

Der Mann mit der braunen Mütze   69

Der schlecht versorgte Knopf   73

Der dumme Vulkan   74

Der König, ganz für sich   77

Die drei Söhne   78

Märchen ohne verzauberte Prinzessin   81

Der kluge Bär   84

Ektisch   87

Das Bartfett   89

Eine ganz neue Erfindung   90

Der Verkäufer und der Elch   94

Der große Zwerg   96

Der tragische Tausendfüßler

Der alte Tausendfüßler saß vor seiner Höhle und wollte endlich einmal seine Füße zählen. Sein ganzes Leben lang hatte er das schon vorgehabt, aber immer war ihm irgend etwas dazwischengekommen. Jetzt hatte er endlich ein bißchen Zeit und begann, seine Füße zu zählen.

Aber das Tausendfüßlerleben ist hart. Als er beim 218ten Fuß war, mußte er sich mit einem Sprung vor einer Haubenmeise in die Höhle retten. Dabei wäre das gar nicht nötig gewesen, denn wie jeder weiß, sind Haubenmeisen vegetarisch gesinnt. So mußte der alte Tausendfüßler ärgerlich von neuem mit Zählen beginnen und kam bis 432, da juckte es ihn am 810ten Fuß so fürchterlich, daß er sich mit dem folgenden Dutzend daran kratzte, was ihn so verwirrte, daß er drausfiel und wieder beginnen mußte. Diesmal kam er bis 511, da brachte ihm seine Frau die Schuhmacherrechnung. Wütend schmiß er das Papier zu Boden, trat es mit Füßen und ging dann wieder vor die Höhle, entschlossen, sich durch nichts mehr stören zu lassen. Als ihn die Haubenmeise fraß (irrtümlich, das ist ja das Tragische), war er erst bei 203, und so hat er nie erfahren, wieviel Füße er eigentlich hatte.

Lasset uns beten.

Der Pfingstspatz

Viel weniger bekannt als der Osterhase ist der Pfingstspatz. Er legt allen Leuten am Pfingstsonntag ein Grashälmlein auf den Fenstersims, eines von der Art, wie er es sonst zum Nestbau braucht. Das merkt aber nie jemand, höchstens ab und zu eine Hausfrau, die es sofort wegwischt.

Der Pfingstspatz ärgert sich jedes Jahr grün und blau über seine Erfolglosigkeit und ist sehr neidisch auf den Osterhasen, aber ich muß ehrlich sagen, das mit den Eiern finde ich auch die bessere Idee.

Die ungleichen Regenwürmer

Tief unter einem Sauerampferfeld lebten einmal zwei Regenwürmer und ernährten sich von Sauerampferwurzeln.

Eines Tages sagte der erste Regenwurm: »Wohlan, ich bin es satt, hier unten zu leben, ich will eine Reise machen und die Welt kennenlernen.« Er packte sein Köfferchen und bohrte sich nach oben, und als er sah, wie die Sonne schien und der Wind über das Sauerampferfeld strich, wurde es ihm leicht ums Herz, und er schlängelte sich fröhlich zwischen den Stengeln durch. Doch er war kaum drei Fuß weit gekommen, da entdeckte ihn eine Amsel und fraß ihn auf.

Der zweite Regenwurm hingegen blieb immer in seinem Loch unter dem Boden, fraß jeden Tag seine Sauerampferwurzeln und blieb die längste Zeit am Leben.

Aber sagt mir selbst – ist das ein Leben?

Ein schöner Nachmittag

Eine Badewanne und eine Hausapotheke hatten einen freien Nachmittag und machten zusammen einen Spaziergang. Nach einer Weile wurden sie müde und beschlossen, in einen Tea-Room zu gehen, der sich in der Nähe befand. Sie setzten sich an einen Tisch, und die Hausapotheke bestellte zwei Tee mit Zitrone und für jedes einen Apfelkuchen. Den Tee fand die Badewanne nicht besonders gut, aber als sie den Apfelkuchen hinunterschluckte, war sie ganz begeistert und flüsterte der Hausapotheke etwas zu. Diese winkte dem Kellner und bestellte alle Apfelkuchen, die noch da waren. Als er sie gebracht hatte, schluckte die Badewanne einen nach dem andern hinunter, bis das ganze Tablett leer war.

»So«, sagte sie zufrieden, »und jetzt gehen wir nach Hause.« Da kam der Kellner mit einer Rechnung für 2 Tee und 15 Apfelkuchen, aber weder die Hausapotheke noch die Badewanne hatten Geld.

»Dann«, sagte der Kellner, »müssen Sie hierbleiben, bis die Rechnung bezahlt ist.«

»Das kommt gar nicht in Frage«, sagte die Badewanne, zog ihre Dusche hervor, spritzte den Kellner von oben bis unten voll und ließ sie so lange laufen, bis der ganze Tea-Room ein einziger See war und die Tische und Stühle im Wasser herumschwammen.

Dann gingen die Hausapotheke und die Badewanne nach Hause, und beide fanden, einen so schönen Nachmittag hätten sie schon lange nicht mehr gehabt.

Der Granitblock im Kino

Ein Granitblock aus einem öffentlichen Park hatte lange gespart und wollte mit seinem Geld ins Kino, und zwar hatte er von einem lustigen Film gehört, »Zwei Tanten auf Abenteuer«. Er ging also an die Kasse und verlangte fünf Plätze. Zuerst wollte sie ihm die Kassiererin nicht geben, doch da sagte der Granitblock bloß »oho«, und schon hatte er die Billette. Er hatte erste Reihe gelöst, weil er seine Brille vergessen hatte. Als sich der Granitblock auf seine fünf Plätze setzte, krachten gleich alle Armlehnen zusammen, und dann fing das Vorprogramm an. Der Granitblock schaute interessiert zu und bestellte in der Pause zehn Eiscrèmes, die er sofort hinunterschluckte. Jetzt fing der Hauptfilm an, und der Granitblock amüsierte sich sehr. Da er an Humor nicht gewöhnt war, mußte er schon über jede Kleinigkeit lachen, zum Beispiel wenn eine Tante zur andern sagte, na, altes Haus? Er schlug sich auf die Schenkel und lachte, daß das ganze Kino zitterte und die Leute durch die Notausgänge flüchteten. Als dann eine Tante der andern mit dem Schirm eins über den Kopf haute, war der

Granitblock nicht mehr zu halten. Er hüpfte jaulend auf und ließ sich auf seine Sessel plumpsen, die sogleich zusammenbrachen, und damit nicht genug stürzte er durch den Boden des Kinos in einen Keller und konnte den Rest des Films nicht mehr ansehen. Das Kino wurde vorübergehend geschlossen, der Granitblock mußte mit einem Lastwagen in seinen Park zurückgebracht werden, und heute langweilen sich schon alle Spatzen, wenn er wieder mit seiner Geschichte von den Tanten kommt und kichernd erzählt, wie eine zur andern gesagt hat, na, altes Haus.

Der Affe und das Krokodil

Ein Affe wurde von einem Krokodil gebissen. Da ging er zu seinem Freund, dem Flußpferd, und erzählte ihm, was passiert war. Das Flußpferd überlegte lange. Dann ging es zu einem Elefanten und erzählte ihm, was passiert war. Der Elefant überlegte lange, fraß noch 80 Kilogramm Bananen, und dann ging er zum Löwen und erzählte ihm, was passiert war. Der Löwe wußte sofort, was tun. Er holte einen Schwarm Hornissen und schickte sie zum Krokodil. Aber die Hor-

nissen wußten nicht, welches Krokodil sie ste-
chen sollten. Das Krokodil bekam inzwischen
von der Sache Wind und ging zu seinem Freund,
dem Kondor. Der holte einen Schwarm Wespen
und schickte sie zum Kampf gegen die Hornissen. Die beiden Schwärme flogen aufeinander
los, es gab eine große Luftschlacht, und von unten schauten der Affe, das Krokodil, das Flußpferd, der Elefant, der Löwe und der Kondor zu,
und jede Partei feuerte ihre Mannschaft an. Als
die Hornissen und die Wespen sahen, daß der
Affe, das Krokodil, das Flußpferd, der Elefant,
der Löwe und der Kondor nur zuschauten,
schlossen sie miteinander Frieden und gingen
nun auf den Kondor, den Löwen, den Elefanten,
das Flußpferd, das Krokodil und den Affen los.
Alle kehrten zerstochen heim, und von dieser
Schlacht sprach man noch lange.

Der Nebel in der Wüste

An der Küste von Schottland war einmal ein Nebel, der jeweils bei feuchtem und nebligem Wetter den Küstenfelsen entlang auf- und niederstieg, und da das Wetter in Schottland fast immer feucht und neblig ist, mußte der Nebel fast immer den Küstenfelsen entlang auf- und niedersteigen, und da das Auf- und Niedersteigen einem schottischen Küstenfelsen entlang bei feuchtem und nebligem Wetter eine ziemlich trübselige Sache ist, war es diesem Nebel schon lange verleidet. »Ich will auswandern«, sagte er sich, und er wußte auch schon, wohin: »In die Sahara.« Wann immer er aber zu den andern Nebeln »Sahara« sagte, zuckten sie zusammen, wie man nur bei einem ganz schlimmen Wort zusammenzuckt. Dabei war keiner von ihnen je in der Sahara gewesen. Einmal nur, ein einziges Mal hatte der Nebel eine Wolke getroffen, die schon über das Mittelmeer geflogen war und von dort in die Sahara hinübergeblickt hatte. Man habe nur gesehen, hatte diese Wolke zum Nebel gesagt, man habe nur gesehen, daß dort alles vor Hitze flimmere und daß eine Wolke in kürzester Zeit verdunsten würde, von einem Nebel ganz zu schweigen. Gerade das aber reizte unsern Nebel. Wenn es dort keine Nebel gibt, dachte er sich, dann wird man welche brauchen können, und er beschloß erst recht, in die Sahara auszuwandern.

»Adieu, Freunde!« rief er an einem trüben Morgen den andern Nebeln zu, die wie immer den Küstenfelsen entlang auf- und niederstiegen, »ich wandere aus – in die Sahara!« Die andern Nebel standen nur einen Augenblick still und schauten ihm traurig nach, und sobald er verschwunden war, begannen sie wieder den Küstenfelsen entlang auf- und niederzusteigen. Sie waren überzeugt, daß dieser Nebel seiner sicheren Verdunstung entgegenging, und Nebel, die von so etwas überzeugt sind, sagen gar nichts, sondern steigen nur still den Küstenfelsen entlang auf und nieder.

Unser Nebel reiste munter der schottischen Küste nach gegen Süden. Das ging zuerst sehr gut. Tagsüber, wenn die Sonne scheinen wollte, zog er sich, wie das jeder Küstennebel gewöhnt ist, in eine Felsspalte zurück und ging erst am Abend und in der Nacht wieder weiter. Ein Nebel muß eben immer genügend Nässe und Schatten haben, damit er nicht verdunstet.

Eines Abends hörte die Küste auf, und er hatte nichts mehr vor sich als das Meer. »Also denn«, sagte er zu sich selbst, »wer in die Wüste will, darf den Ozean nicht scheuen!« und flog aufs offene Meer hinaus.

Am andern Morgen jedoch, als die Sonne aufging und die Hitze rasch zunahm, schaute sich der Nebel nach einem Unterschlupf um, und es wurde ihm schon wind und weh, da sah er ein großes Schiff, das gegen Süden fuhr. So schnell es ging, flog er ihm nach und erreichte es mit letzter Not, und jetzt konnte er eine Weile lang im Schatten des Schiffes weiterziehen. Gegen Mittag schien die Sonne immer steiler auf das Schiff herab, so steil, daß es zuletzt keinen Schatten mehr hatte, und dem Nebel blieb nichts ande-

res übrig, als durch ein Fenster ins Innere des Schiffes zu kriechen.

Der Raum, in den er kam, war der Speisesaal, und eine Menge Männer, die alle gleich angezogen waren, saßen beim Essen. Gab das eine Verwirrung, als plötzlich überall ein so starker Nebel war, daß man kaum mehr die Teller auf dem Tisch sah! Die Männer, die daran waren, die Suppe zu schöpfen, schütteten sie in die Gläser statt in die Suppenteller, und einer, der sich gebückt hatte, um seine Serviette aufzulesen, zog nun das Hosenbein seines Nachbarn hinauf, um sich den Mund abzuputzen. Dem Nebel war überhaupt nicht wohl – er störte nicht gern –, und er verzog sich hurtig durch den Gang, flitzte bis ganz zuhinterst, dann die Treppe hoch und kam schließlich vor eine halboffene Türe, durch die er hineinschlüpfte. Im Zimmer saß ein Mann mit einer sehr schönen Mütze, der sofort rief: »He! Was ist das?«

»Keine Angst«, sagte der Nebel, »ich bin's.«

»Wer ich?« rief der Kapitän, denn niemand anders war der Mann mit der schönen Mütze.

Da erzählte ihm der Nebel von seinem Plan, in die Sahara auszuwandern, und fragte, ob er ein Stück auf dem Schiff mitreisen dürfe.

Der Kapitän dachte lange nach und sagte dann, ja, das dürfe er, aber er müsse auch etwas arbeiten.

»Gewiß«, sagte der Nebel, »was soll ich denn tun?«

»Hast du gern Krieg?« fragte der Kapitän.

»Au ja!« rief der Nebel aufgeregt.

»Das trifft sich gut«, sagte der Kapitän, »wir sind nämlich ein Kriegsschiff, und es soll niemand sehen, daß wir hier durchfahren. Sobald also Gefahr ist, daß uns jemand sieht, mußt du dich einfach ums ganze Schiff herumlegen. Einverstanden?«

»Selbstverständlich«, sagte der Nebel, und während der nächsten Tage legte er sich immer, wenn von weitem ein fremdes Schiff auftauchte, um das Kriegsschiff herum, so daß die anderen Schiffe von weitem meinten, dort fahre ein Nebel vorbei und nicht ein Schiff.

Nach einer Woche, es war Abend, rief der Kapitän den Nebel zu sich und sagte, indem er auf eine Küste zeigte, die jetzt in der Nähe lag: »Wenn du zu dieser Küste fliegst und von dort über die Berge, dann liegt dahinter die Sahara.« Er dankte dem Nebel, und als dieser davonflog, ließ das Schiff zu seiner Ehre einen Böllerschuß fahren, was den Nebel so erschreckte, daß er in Windeseile auf die Küste lossauste.

Als er auf den Bergkamm gekommen war und sah, wie sich vor ihm eine unendlich große Fläche von Sand ausbreitete, so groß wie das Meer, von einem wunderschönen Vollmond beleuchtet und angenehm kühl, viel kühler, als man ihm erzählt hatte, war er überglücklich und flog mitten in die Wüste hinein. Aber kaum war die Sonne aufgegangen, da verbreitete sich eine solche Hitze, daß unser Nebel dringend ein Schattenplätzchen brauchte. Da sah er weit in der Tiefe einen eigenartig komplizierten Turm, er stürzte sich hinab und wurde sogleich in ein großes Rohr gesogen – richtig geraten! Das war ein Ölbohrturm, und der Nebel wurde durch eine Pipe-

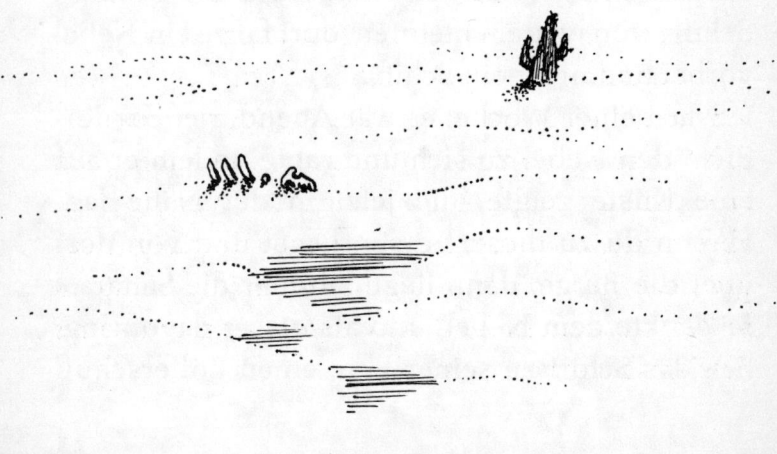

line bis ans Meer gejagt, wurde dort direkt in ein Ölschiff eingefüllt, und wo, denkt ihr, wo wurde er aus dem Ölschiff wieder an Land gepumpt? Es ist kaum zu glauben: in Schottland! Und knapp bevor man ihn in einen Öllastwagen saugen wollte, konnte er durch den offenen Deckel des Öltanks entweichen und schlich sich wieder der alten Küste entgegen. Aber wie sah er aus! Vom vielen Öl, in dem er die ganze Zeit geschwommen war, war er ganz schwarz geworden, und so sehr er sich auch schüttelte, er brachte die Farbe nicht weg – vom Geruch wollen wir gar nicht sprechen.

Als er an seine Küste kam, hielten sich die andern Nebel die Nase zu und wollten ihm nicht glauben, daß er es war, aber als er mit ihnen die Küstenfelsen entlang auf- und niederstieg, kannten sie ihn sofort wieder, denn er hatte noch dieselbe unruhige Art wie früher. Natürlich lachten sie ihn gehörig aus, als er alle seine Abenteuer erzählt hatte, nannten ihn auch, da ihm die schwarze Farbe blieb, nur noch den Negernebel, aber eigentlich, das kann ich mit Gewißheit sagen, eigentlich gab es keinen, der ihn nicht im stillen für seinen Mut bewundert und um seine Erlebnisse beneidet hätte.

Eine dicke Freundschaft

Ein Misthaufen und ein Eichhörnchen schlossen einmal Freundschaft zusammen. Das Eichhörnchen roch unheimlich gern am Misthaufen. Oft saß es ganze Nachmittage vor seinem Freund und schnupperte stillvergnügt an den dampfenden Fladen herum, und der Misthaufen war glücklich, wenn er spürte, wie das Eichhörnchen mit dem Köpfchen über seine Ränder strich.

Sie versuchten einander auch noch mehr zuliebe zu tun. Das Eichhörnchen brachte dem Misthaufen Nüsse mit, die er aber nur nahm, um es nicht zu beleidigen, und der Misthaufen erlaubte dem Eichhörnchen, einzelne Misthalme aus ihm herauszurupfen und mitzunehmen, doch das Eichhörnchen ließ sie fallen, sobald der Misthaufen es nicht mehr sah, es roch viel lieber am ganzen.

Eines Tages sagte der Misthaufen zum Eichhörnchen: »Weißt du, was schade ist? Immer kommst du zu mir, und nie komm ich zu dir. Wo wohnst du überhaupt?«

»Drüben im Wald auf einem Baum«, sagte das Eichhörnchen, »wann willst du kommen?«

»Am liebsten jetzt«, sagte der Misthaufen.

»Oh«, sagte das Eichhörnchen, »jetzt geht es leider nicht, es ist nicht aufgeräumt, aber vielleicht morgen?«

»Gut, morgen«, sagte der Misthaufen und konnte die ganze Nacht nicht schlafen, so freute er sich auf den Besuch. In der Frühe ließ er sich von der Katze einen Blumenstrauß aus dem Garten der Bauersfrau bringen, zöpfelte sich selbst so schön zurecht, wie er nur konnte, und wartete unruhig auf das Eichhörnchen.

Als dieses gegen Mittag endlich kam, setzte sich der Misthaufen sogleich in Bewegung und bemühte sich, mit dem Eichhörnchen Schritt zu halten, das seinem Freund zuliebe extra ganz langsam eine Pfote vor die andere setzte.

Alles ging gut, nur als sie die Landstraße überquerten, die vor dem Bauernhaus durchging, passierte etwas Dummes. Es fand gerade ein Velorennen statt, und alle Fahrer sausten in voller Geschwindigkeit in den Misthaufen hinein, blieben darin stecken und mußten die längste Zeit mit den Beinen strampeln, bis sie sich wieder befreien konnten, und dann waren sie erst noch voll Mist, und ihre Rennräder waren zusammengestaucht.

Alle schimpften, die Rennfahrer, weil sie so dreckig waren und ihre Velos nicht mehr brauchen konnten, der Rennleiter, weil das ganze Rennen durcheinander war, die Polizei, weil sie die Straße mit dem Spritzwagen reinigen mußten, der Bauer, weil er den Misthaufen Karren für Karren wieder an seinen Platz vor dem Haus bringen mußte, die Bauersfrau, weil ihr ein paar der schönsten Blumen fehlten – alle schimpften, dabei war alles nur aus Freundschaft geschehen.

Der Misthaufen übrigens, falls ihr das noch wissen wollt, getraute sich von da an nicht mehr, von seinem Ort wegzugehen, und hat das Eichhörnchen nie besucht, aber Freunde blieben sie trotzdem, jetzt sogar erst recht.

Die feindlichen Schrauben

Es waren einmal zwei Schrauben, die waren am Rad eines Güterwagens befestigt.

Obwohl beide dieselbe Aufgabe hatten, konnten sie sich nicht leiden und stritten dauernd miteinander.

»Du Sauschraube«, sagte die eine zur andern, »du blöde, dumme Sauschraube!«

»Was du sagst, das bist du selbst!« gab die andere zurück, und so ging das den ganzen Tag, wenn sie irgendwo auf einem Bahnhof standen und warteten.

Einzig wenn der Zug fuhr, drehten sich die Schrauben mit dem Rad so rasch, daß es ihnen die Sprache verschlug.

Eines Morgens, kurz vor der Abfahrt nach Italien, stritten sie wieder besonders heftig.

»Wenn ich nur deinen einfältigen Kopf nicht mehr sehen müßte!« sagte die eine Schraube zur andern, und zwar in einem sehr giftigen Ton.

»Gut«, sagte die andere stolz, »dann gehe ich. Es gibt schließlich noch andere Räder.«

Und als der Zug zu rollen begann, schraubte sie sich mit aller Kraft aus dem Gewinde, fiel auf der Gotthardstrecke in einen Wildbach und ertrank.

Da eine Schraube allein nicht genügte, um das Rad an der Achse zu halten, entgleiste der Güterwagen, riß den ganzen Zug mit in den Abgrund, und mit den Waggons wurde auch die Schraube dermaßen zertrümmert, daß man sie nie mehr brauchen konnte und später mit den Resten des Zuges einschmolz.

Jetzt war endgültig Schluß mit Streiten.

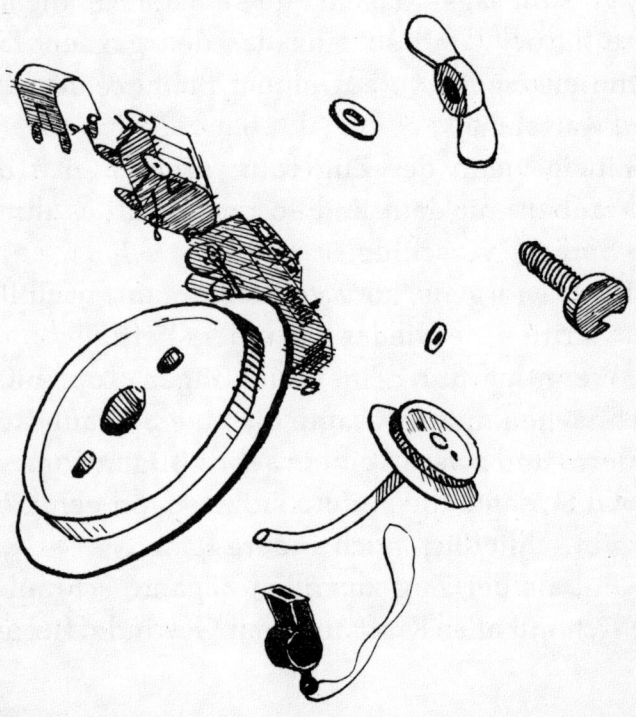

Die seltsame Hochzeit

Ein Handstand und ein Kopfstand wollten zusammen in den Ehestand treten. Sie hatten sich in einer Badeanstalt kennengelernt und wußten sogleich, daß sie füreinander bestimmt waren.

Die Hochzeit fand an einem Freitag nachmittag um halb zwei statt, und es hatte viele Gäste. Als die beiden Verlobten in die Kirche kamen – der Kopfstand mit einem eng anliegenden weißen Brautkleid und einem Kränzchen auf den Füßen –, sahen alle, daß es sich um einen Handstand und einen Kopfstand handelte, und waren etwas verwirrt. Der Pfarrer aber wußte, was Anstand war, und begann die Feier im Handstand. Da stellten sich alle Gäste auf den Kopf oder die Hände, weil sie nicht unangenehm auffallen wollten. Der Sigrist brachte die Ringe, indem er sie auf den Füßen hereinbalancierte, und der Organist spielte nur ganz laut, weil er mit dem Kopf auf den Tasten stand. Es wäre alles gutgegangen, wenn sich nicht plötzlich die Orgel gekehrt hätte und die Pfeifen heruntergekollert wären, und auch in den Pfeilern der Kirche ächzte es, das Gewölbe wälzte sich herunter, die Kanzel donnerte

in den Saal, und weil sich der Boden mit den Bän-
ken nicht in die Luft erheben konnte, wurden alle
Hochzeitsgäste verschüttet, nur der Handstand
und der Kopfstand kamen davon, da sie nicht aus
Fleisch und Blut waren, gingen mit zwei befreun-
deten Überschlägen auf die Hochzeitsreise und
lebten in Gottes Namen unverheiratet zusammen.

Wo die Kälte herkommt

Ganz weit oben in Nordgrönland sitzt auf einem Eisberg die Kältehummel. Sie ist 20 000 Kilo schwer und möchte gerne fliegen. Ihre Flügel sind aber viel zu schwach. Trotzdem läßt sie sie dauernd auf und ab schwirren, weil sie hofft, es gelinge ihr eines Tages doch noch. Dadurch bewegt sie die eiskalte Luft so stark, daß diese bis zu uns kommt. Den ganzen Winter lang übt die Kältehummel, bis sie im Frühling erschöpft einschläft. Zum Glück, denn sonst hätten wir keinen Sommer. Im Sommer schläft die Kältehummel und träumt, sie könne fliegen. Ein Schläuling, der nicht gerne fror, schickte ihr einmal ein Paket voll Schlaftabletten, weil er hoffte, sie schlafe dann auch im Winter. Aber der Briefträger war ein Eisbär, und der war so neugierig, daß er das Paket aufmachte und alle Tabletten selber schluckte. Seither wird in Nordgrönland keine Post mehr ausgetragen, denn der Eisbär schläft noch heute, und weil er der einzige ist, der weiß, wo die Kältehummel wohnt, kann niemand sagen, wie es ihr jetzt geht, aber solang es jedes Jahr Winter wird, können wir annehmen, daß sie noch lebt.

Bum und die Bummer

Ich bin einer der wenigen, die das Land Bum besuchen durften, weil ich nicht schießen kann. Im Land Bum begrüßt man sich nämlich, indem man aufeinander schießt. Wenn sich also zwei Freunde treffen, rufen sie aus: »Da bist du ja!«, und dann zieht jeder eine Pistole aus der Tasche und schießt auf den andern. Es ist klar, daß diese Sitte längst zum Aussterben der Bummer geführt hätte, hätte nicht die Natur, wie so oft, helfend eingegriffen und alle Bummer mit maßlos zitternden Händen ausgestattet, so daß heute bis auf ein paar Zufallstreffer nichts mehr passiert.

Trotzdem ist es kein gemütliches Gefühl, in Bum Tourist zu sein, und ich rate eigentlich jedem davon ab, der nicht gerade stählerne Nerven hat.

Die runde Insel

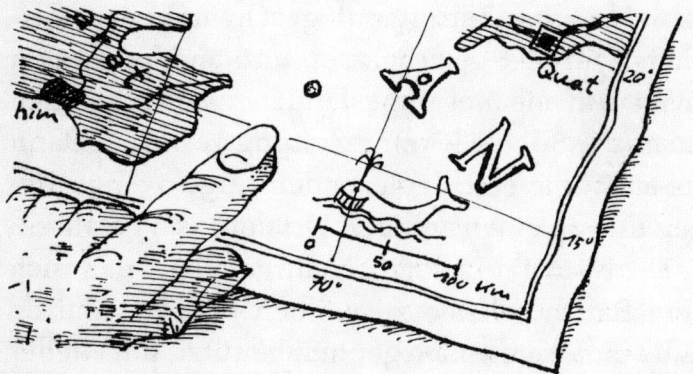

Kürzlich hat mir ein Bekannter erzählt, er sei auf einer Insel im Indischen Ozean gewesen, auf der alles rund sei.

Schon die Insel selbst habe einen kreisförmigen Umriß, und wenn man vom Kursschiff an Land gehen wolle, werde man in runden Booten abgeholt. Auf der Insel gebe es weder Eisenbahnen noch Trams oder Autos, sondern das einzige Verkehrsmittel seien große Kugeln. Man müsse aber aufpassen, daß man nichts verwechsle, denn auch die Häuser seien kugelförmig, was den Vorteil habe, daß man sie jederzeit woanders hinrollen könne. Allerdings sehe man keine lebendigen Menschen, sondern nur Kugeln. Es gebe kleine

Kugeln, die zwitschernd in der Luft herumflögen, eine eher längliche Kugel habe er miauen gehört, ferner habe er einmal eine Kugel gesehen, die rundherum mit geschwungenen Zeichen bedruckt gewesen sei, und andere Kugeln seien um sie herumgestanden, wahrscheinlich sei es ein Buch oder eine Zeitung gewesen. Dann sei er aber in eine der lesenden Kugeln eingestiegen und an einen anderen Ort der Insel gefahren.

Dort sei ihm plötzlich aufgefallen, daß sich sein Bauch seltsam zu wölben begann, und da habe er die erste Gelegenheit benützt, um wieder mit einem runden Boot in ein Kursschiff zu gelangen, und als dieses davongefahren sei, habe er erst bemerkt, daß die Insel wie eine Halbkugel zum Wasser herausschaute und daß sich alle Kugeln auf der Kuppe der Insel versammelt hatten und ihm nachblickten.

Der Kapitän habe ihm nachher gesagt, er könne von Glück reden, denn diese Insel sehe man nur ganz selten, wahrscheinlich sei sie gar nicht festgewachsen, sondern habe auch unter dem Wasser die Form einer Halbkugel.

Der Mann, der mir das erzählt hat, ist aber sonst nicht gerade zuverlässig, und ich weiß nicht recht, ob ich ihm das alles glauben soll.

Made in Hongkong

»Made in Hongkong« – das habt ihr sicher schon auf einem eurer Spielzeuge gelesen. Aber wißt ihr auch, was es heißt? Also, ich will es euch erklären.

Was Maden sind, wißt ihr, so nennt man die Käfer, wenn sie noch so klein sind, daß sie wie winzige Würmer aussehen.

In einem Garten lebte einmal eine ganze Schar solcher Maden. Eine davon war besonders klein und wurde von den andern ständig ausgelacht. »Du bringst es nie zu etwas!« sagten sie immer wieder, bis die kleine Made so wütend wurde, daß sie sagte: »Ich bringe es weiter als ihr alle. Ich komme bis nach Hongkong!« und schnell davonkroch.

»Viele Grüße!« riefen ihr die andern nach, »und laß es uns wissen, wenn du in Hongkong angekommen bist!«

Die Made kroch zum Flughafen und konnte sich dort im Spalt einer großen Kiste verstecken. Der Zufall wollte es, daß diese Kiste nach Hongkong geflogen wurde, aber das war noch nicht alles. Die Kiste war nämlich voll Gold, und deshalb wurde sie in Hongkong auf dem Flughafen von Räubern gestohlen, die damit davonfuhren und sie in einem verlassenen Keller versteckten. Nachher wollten sie eine zweite solche Kiste rauben, wurden aber dabei von der Polizei erschossen.

Jetzt wußte niemand mehr, wo die Kiste mit dem Gold war, außer unserer Made. Die überlegte sich, wie sie ihren Maden zu Hause mitteilen konnte, daß sie in Hongkong angekommen war. Dabei kam ihr in den Sinn, daß im Garten, wo sie lebten, ein großer Sandhaufen war, in dem viele Kinder spielten. Deshalb kaufte sie mit ihrem Gold alle Spielzeugfabriken in ganz Hongkong und befahl sofort, daß man auf jedes Spielzeug, das nach Europa verkauft wurde, die Nachricht draufdrucken mußte: »Made in Hongkong«.

Ich kann euch sagen, die Maden machten große Augen, als sich die Kinder im Sandhaufen laut vorlasen, was auf ihren neuen Spielzeugen stand. »Habt ihr das gehört?« flüsterten die Maden einander zu, »die ist tatsächlich angekommen.«

Viele von ihnen versuchten daraufhin auch, die Reise zu machen, aber keiner gelang es, die eine flog mit einer Pendeluhr nach Amsterdam, die andere versteckte sich in einem Sandwich und wurde unterwegs aufgegessen, und die meisten kamen nicht einmal bis zum Flughafen, weil sie ihn entweder nicht fanden oder vorher von einem Vogel aufgepickt wurden.

Klein sein allein genügt eben nicht, es gehört auch noch etwas Glück dazu.

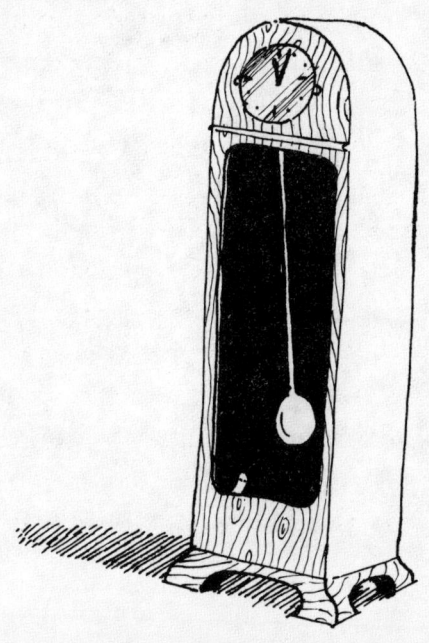

Das Zündhölzchenspiel

Herr Messerli geriet auf einer Safari im schwär-
zesten Afrika in die Hände von Menschenfres-
sern. Nun war aber der Häuptling sehr men-
schenfreundlich und hatte auch einen gewissen

Spielsinn, und so versprach er Herrn Messerli, er lasse ihn frei, wenn er ihn beim Zündhölzchen-spiel schlage.

Zum Glück hatte Herr Messerli das Spiel kürz-lich von seinem Bruder gelernt, aber leider hatte er vergessen, wie man sicher gewinnt, und wurde aufgefressen.

Der Preßluftbohrer und das Ei

Ein Preßluftbohrer und ein Ei stritten sich einmal, wer von ihnen der stärkere sei.

»Natürlich ich!« renommierte der Preßluftbohrer.

»Ha!« krächzte das Ei, »ich bin viel stärker.«

Der Preßluftbohrer zuckte überlegen die Achseln: »Wie du meinst. Ich bohre dich in tausend Stücke.«

»Und ich schlage dir den Schädel ein!« quietschte das Ei.

»Ei, du dummes Ding«, sagte der Preßluftbohrer und schüttelte den Kopf, »wie soll das zugehen?«

»Wirst schon sehen«, prahlte das Ei und warf sich in die Brust.

»Ich brauche nur den kleinen Finger zu rühren«, lachte der Preßluftbohrer.

»Ich mache dich mit meinem Dotter zu Brei!« krähte das Ei und trat kampflustig von einem Bein aufs andere.

Da ward es dem Preßluftbohrer zu dumm, und er bohrte, wie er schon zu Beginn betont hatte, das Ei in tausend Stücke.

Der große Ball

Ein Bergschuh und ein Turnschuh wollten zusammen auf einen Ball. Ein Ball ist ja nicht nur etwas Rundes, das man auf ein Tor oder an eine Wand werfen kann, sondern ein Ball ist auch ein Tanzfest, und auf ein solches wollten die beiden.

Sie gingen in die Stadt, und als sie über dem Eingang des Stadtcasinos lasen: »Heute großer Ball«, gingen sie hinein.

Aber links und rechts der Türe standen zwei Wächter, und alle, die hineingingen, zeigten diesen ein Kärtchen. Der Turnschuh und der Bergschuh hatten kein solches Kärtchen und versuchten einfach so hineinzuschlüpfen.

»Halt!« rief der eine der beiden Wächter, doch da trat ihn der Bergschuh ans Schienbein, daß er aufschrie, und während er sich mit der Hand die schmerzende Stelle rieb, gingen sie schnell an ihm vorbei.

Drinnen war es herrlich, richtig herrlich. Eine große Musik spielte, und schön angezogene Paare drehten sich im Takt dazu auf einem blanken Boden. Sogleich tanzten die beiden Schuhe auch mit, und das taten sie so gut, daß es gar niemandem besonders auffiel. Erst als es hieß, es gebe nun einen Wettbewerb für das lustigste Paar, schauten sich die Leute genauer um, und alle fanden, der Bergschuh und der Turnschuh hätten eindeutig gewonnen.

Als Preis bekamen sie ein Spiegelei zum Mitnehmen, und als sie zur Tür hinausgingen, schenkten sie es dem einen Wächter, der immer noch dastand.

»Entschuldigen Sie«, sagte der Bergschuh, »aber wir wollten wirklich hinein.«

»Ja, ja«, sagte der Wächter, »schon gut«, und biß zufrieden in sein Spiegelei, während der Bergschuh und der Turnschuh nach Hause gingen und beschlossen, von jetzt an jeden Samstag auf einen Ball zu gehen.

Gespenstergeschichte

Eines Nachts, als Frau Scholl allein zu Hause war, hörte sie im Estrich Schritte. Zuerst tat sie so, als merke sie nichts, aber als die Schritte nicht aufhörten, wurde es ihr unheimlich, es konnte schließlich ein Einbrecher sein. Da faßte sie sich ein Herz, nahm die Pistole ihres Mannes aus dem Nachttischchen, stieg die Treppe hinauf, öffnete vorsichtig die Tür, drückte ganz rasch auf den Lichtschalter und rief: »Hände hoch!«

Aber ihre Angst war umsonst gewesen. Es waren nur zwei Füße, die langsam auf dem Estrichboden hin und her gingen.

Schafgeschichte

Kennt ihr Herrn Beeli?

Er wohnt in der Stadt, geht jeden Morgen zur Arbeit in sein Büro, bleibt über Mittag dort und kommt am Abend wieder heim.

Nicht?

Aber vielleicht kennt ihr das Haus, in dem er lebt. Die braunen Vorhänge gehören zu Herrn Beelis Wohnung.

Er hat keine Frau und keine Kinder.

Er hat Schafe.

Das sind seine liebsten Tiere. Wenn er nach Hause kommt, sitzen alle im Gang und warten auf ihn. Sie freuen sich sehr, wenn er heimkommt, denn für Herrn Beeli gibt es kein größeres Vergnügen, als mit seinen Schafen zu spielen.

Herr Beeli tut wirklich alles, damit sich seine Schafe bei ihm wohl fühlen. Jeden Tag läßt er ihnen vom Land frisches Heu kommen.

Wenn er vom Büro nach Hause geht, kommt er durch den Stadtpark und pflückt meistens noch etwas besonders Gutes für seine Schafe.

Er hat auch ein Lieblingsschaf. Es heißt Sonja und bekommt immer die besten Bissen.

Manchmal darf es mit ihm bis zum Büro kommen. Geduldig wartet es auf dem Parkplatz, bis Herr Beeli mit seiner Arbeit fertig ist.

Einmal darf es sogar mit Herrn Beeli auf eine Geschäftsreise.

Da werden die andern Schafe böse, weil sie daheim bleiben müssen. Zum Glück hat Herr Beeli vergessen, die Zimmer abzuschließen, und so können die Schafe überall hinein. Sie bestellen sofort die doppelte Portion Heu und hören den ganzen Tag Schallplatten.

Dann gehen sie hinter die Vorräte und machen sich ein herrliches Nachtessen.

Nachher wird gebadet und geduscht, und zum Schluß legen sich alle im Schlafzimmer von Herrn Beeli zur Ruhe.

Ist das eine Zuversicht, als Herr Beeli am nächsten Tag mit Sonja nach Hause kommt! Aber er merkt, was er falsch gemacht hat. Von jetzt ab geht er nicht mehr mit Sonja ins Büro.

Sondern mit allen.

Doch nicht allen Leuten gefallen Herrn Beelis Schafe.

Die Leute in der oberen Wohnung schimpfen, weil sie so laut blöken.

Die Leute in der unteren Wohnung sind

schwerhörig, aber sie schimpfen über den Gestank.

Der Hausbesitzer schimpft, weil sie mit ihren Hufen alle Böden zerkratzen.

Der Chef von Herrn Beeli schimpft, weil er statt mit einem Auto mit einem Rudel Schafe ins Büro kommt.

Alle verlangen von ihm, daß er seine Schafe verkauft.

Aber Herr Beeli denkt nicht daran.

Also kündigt ihm der Hausbesitzer seine Wohnung und der Chef seine Stelle im Büro, und Herr Beeli muß ausziehen.

Er sucht sich eine neue Wohnung, aber niemand will einen Herrn mit soviel Schafen.

Er sucht sich eine neue Stelle, aber niemand will einen Herrn, der mit Schafen zur Arbeit kommt. Darum wandert Herr Beeli in die Türkei aus und zieht dort mit seinen Schafen von einem Dorf zum andern, über Berg und Tal, von Hügel zu Hügel.

Nachbars Hund

Am Gartentor unseres Nachbarn ist ein Schild befestigt mit der Aufschrift »Warnung vor dem Hund«. Jedesmal, wenn man das Tor aufmacht, ertönt ein Gebell, das so unheimlich ist, daß es einem richtig in die Knochen fährt. Es ist eine Mischung zwischen einem Löwengebrüll und dem heiseren Husten eines Wolfes, wie man es von den Fernsehfilmen her kennt. Deshalb getraut sich auch niemand, bis zur Wohnungstür unseres Nachbarn zu gehen, und selbst der Briefträger wirft seine Post nur über den Gartenzaun und geht dann rasch wieder weiter.

Kürzlich aber flog einem kleinen Buben beim Spielen der Ball in diesen Garten, und da der Ball sein liebstes Spielzeug war, nahm er seinen ganzen Mut zusammen und kletterte hinüber, um ihn zu holen. Er wunderte sich, daß die Mischung zwischen einem Löwengebrüll und dem heiseren Husten eines Wolfes, wie man es von den Fernsehfilmen her kennt, nicht ertönte, und als er zur Hundehütte kam, vor der sein Ball lag, hüpfte ein kleiner Dackel heraus, der fröhlich mit dem Schwanz wedelte.

»Was?« sagte der Bub, »bist du der, der immer so unheimlich bellt?«

»Ja«, sagte der Dackel.

»Das glaube ich dir nicht«, sagte der Bub.

Da ging der Dackel in die Hundehütte hinein und drückte mit der rechten Vorderpfote auf die Taste eines Tonbands, worauf sogleich das unheimliche Gebell erklang, das eine Mischung zwischen einem Löwengebrüll und dem heiseren Husten eines Wolfes war, wie man es von den Fernsehfilmen her kennt. Da mußte der Bub lachen und der Dackel auch, und es tönte wie eine Mischung zwischen dem Lachen eines Buben und dem Bellen eines Dackels.

Das Tonband hatte alles aufgenommen, und als der Meister nach Hause kam, drückte der Dackel wieder die Taste, und da ertönte das Lachen eines kleinen Buben und das Bellen eines kleinen Dackels.

»Was?« rief der Meister empört, »wo ist das unheimliche Gebell, das eine Mischung zwischen einem Löwengebrüll und dem heiseren Husten eines Wolfes ist, wie man es von den Fernsehfilmen her kennt?«

»Es ist gelöscht«, sagte der Dackel, »von jetzt an gibt es nur noch das da.« Er drückte auf die

Taste, und wieder hörte man das Lachen eines kleinen Buben und das Bellen eines kleinen Dakkels.

Der Meister war sehr böse und bestellte sogleich bei einer Tonfabrik ein neues unheimliches Gebell, das eine Mischung zwischen einem Löwengebrüll und dem heiseren Husten eines Wolfes war, wie man es von den Fernsehfilmen her kennt. Er konnte fast nicht warten, bis die Fabrik die neue Mischung schickte, aber in der Zwischenzeit merkte er, wie alle Leute freundlicher wurden, wie der Briefträger sich wieder hineingetraute und wie die Kinder mit seinem Dakkel zu spielen begannen und wie er selber manchmal, wenn er heimkam, ein bißchen vor sich hin zu pfeifen begann.

Die Fabrik hat das neue Tonband mit dem unheimlichen Gebell, das eine Mischung zwischen einem Löwengebrüll und dem heiseren Husten eines Wolfes ist, wie man es von den Fernsehfilmen her kennt, immer noch nicht geschickt, weil so etwas eine Weile dauert, aber ich muß sagen, ich bin nicht sicher, ob es unser Nachbar überhaupt noch braucht, wenn es dann kommt.

Der schlechte Esser

Ein Bub, könnt ihr euch das vorstellen, ein Bub aß nur das, was er gern hatte. Sobald er etwas nicht mochte, sagte er: »Das schmeckt mir nicht«, und ließ es stehen.

Den Eltern paßte das gar nicht. »Man ißt, was auf den Tisch kommt«, sagten sie, aber dem Buben war das egal. »Ich esse, was mir schmeckt«, sagte er, und dabei blieb er. Er hieß übrigens Fredy.

Das machte ihn natürlich nicht gerade beliebt. Wenn sie zum Beispiel mit der Klasse auf der Schulreise waren, aß er als einziger den Kartoffelsalat im Bahnhofbuffet nicht auf, oder in den Ferienkolonien wies er zusammengeklebte Nudeln auch dann zurück, wenn er zur Strafe abtrocknen mußte.

Wenn Fredy später, als er groß war und sich Alfred nannte, irgendwohin zu Besuch ging, war er immer ein gefürchteter Gast, denn normalerweise lassen sich Gäste nichts anmerken, wenn ihnen eine Speise nicht mundet, sie schaufeln sogar um so mehr davon hinein, damit der Gastgeber ja nicht merkt, wie ungern sie sie haben. Nur er war imstande zu sagen: »Das schmeckt mir nicht«, und ein ganzes Gericht zum Schrecken der Hausfrau einfach stehenzulassen.

Trotzdem kam Fredy ganz gut durch im Leben, sehr gut sogar. An einer Klassenzusammenkunft nach dreißig Jahren, zu der ein Schulkamerad eingeladen hatte, der jetzt ein Bahnhofbuffet besaß, war Fredy der einzige, der den Kartoffelsalat nicht anrührte. »Der schmeckt mir nicht«, sagte er kühl und stellte ihn zur Seite.

Die andern lachten ihn aus, weil er sich gar nicht verändert hatte, und würgten den Kartoffelsalat, der sie alle seltsam widerlich dünkte, aus Anstand hinunter.

Das hätten sie aber besser nicht getan, denn der Koch hatte das Speiseöl mit einem giftigen Maschinenöl verwechselt, und alle starben daran, außer Fredy, der sich darüber nicht wunderte.

»Seht ihr«, sagte er noch am selben Abend beim Essen zu seinen Kindern, »ich esse eben nur, was mir schmeckt – aber merkt euch, die Schokoladencrème kriegt ihr erst, wenn ihr diese herrlichen Bohnen aufgegessen habt!«

Die kranken Schwestern

In einem Dorf, in welchem es weder einen Arzt noch ein Spital gab, wurden vor langer Zeit zwei Schwestern gleichzeitig krank, und da sie keine Angehörigen mehr hatten, blieb ihnen nichts anderes übrig, als sich gegenseitig zu pflegen. An einem Tag machte z . B. die erste den Tee und die zweite die Umschläge, und am nächsten Tag umgekehrt. Sie wurden zwar nicht richtig gesund, blieben aber doch am Leben.

Später wurde ein Bauer im Dorf krank, und niemand wußte, was ihm fehlte. Fragt doch die kranken Schwestern, sagte plötzlich der Schmied. Darauf holte man die kranken Schwestern zu diesem Bauern, und sie blieben bei ihm und machten ihm Tee und Umschläge, und schon nach kurzer Zeit war er wieder gesund und konnte aufs Feld gehen.

Von jetzt an fragte man immer, wenn jemand im Dorf krank wurde, die kranken Schwestern um Hilfe, und sie kamen und pflegten den Kranken. Das gab ihnen soviel zu tun, daß sie gar nicht mehr merkten, daß sie eigentlich krank waren, und ihr Ruf verbreitete sich so weit, daß man die Frauen, welche die Kranken pflegen, noch heute die Krankenschwestern nennt, obwohl sie weder Schwestern noch krank sind, wenigstens die allermeisten von ihnen.

Das Kind im Manne

Ein Mann hörte kürzlich, als er seinen Mittags-schlaf machen wollte, ein entferntes Kinderge-schrei, das gerade laut genug war, um ihn am Einschlafen zu hindern. Er schaute zum Fenster hinaus, sah aber auf dem Spielplatz keine Kinder, er ging zu seinen Nachbarn im oberen Stock, doch ihre Kinder schliefen.

»Mich dünkt«, sagte ihm die Nachbarin, »die Stimme kommt von Ihnen.«

Da merkte der Mann, daß die Stimme tatsäch-lich aus seinem Innern kam und ungefähr in der Magengegend nach außen drang. Da er auch eine eigenartige Schwere im Leib spürte, ging er zu einem Arzt. Der untersuchte ihn lange, durch-leuchtete ihn sogar und sagte ihm dann: »Sie ha-ben ein Kind.« Der Mann konnte das fast nicht glauben, aber der Arzt ließ es ihn selbst mit seinen Fingern fühlen. »Das ist doch nicht möglich«, sagte der Mann, da gab ihm der Arzt sein Stetho-skop, und jetzt hörte er sogar, daß das Kind etwas rief, und zwar tönte es wie »Spielen! Spielen!« Der Mann wurde bleich und ließ das Stethoskop sin-ken. »Es will spielen«, sagte er zum Arzt.

Der Arzt tat zwar so, als wäre das nichts Besonderes für ihn, aber in Wirklichkeit hatte er so etwas auch noch nie erlebt. Er gab dem Mann die Anweisung, von jetzt an für zwei zu essen und fürs erste ein kleines Spielzeugauto zu verschlucken. Kaum hatte der Mann das Auto verschluckt, hörte er ein begeistertes Geschrei in seinem Innern und bald darauf das zufriedene Nachahmen eines Motorengeräusches.

Zwei Tage lang ging alles gut, dann vernahm er deutlich, wie das Kind wieder rief: »Spielen! Spielen!« Der Arzt riet ihm, ein weiteres kleines Spielzeug zu verschlucken, und der Mann entschied sich für eine Holzkuh. Bald darauf hörte man, wie in seinem Innern das Muhen einer Kuh nachgemacht wurde. Wenn das Kind besonders lebendig war, machte es zuerst das Geräusch eines Motors und dann das Geräusch einer Kuh nach. Dem Manne war das alles außerordentlich unangenehm, er arbeitete als Verkäufer in einem Teppichgeschäft, und das Kind war so laut, daß es auch die andern Leute hörten. Es half ihm nichts, daß er besonders laut sprach, man hörte es trotzdem, und als er seine Kunden anzubrüllen begann, entließ ihn sein Vorgesetzter.

Der Mann kam darauf als Verkäufer in einem

Kinderladen unter, wo er auch direkteren Zugang zu Spielsachen hatte. Da das Kind in ihm immer anspruchsvoller wurde, mußte er nach und nach Kasperlifiguren, Eisenbahnen, Aufziehmäuse verschlucken, wurde dadurch immer dicker und hatte bald ein kleines Spielzimmer im Bauch, in dem das Kind in ihm herumzulaufen begann. Es wurde immer frecher und fing an, Dinge, die ihm nicht paßten, wieder hinaufzuschicken. Als der Mann während der Geschäftszeit anfing, Spielsachen zu erbrechen, mußte er auch aus seiner neuen Stelle entlassen werden.

Er lebt gegenwärtig sehr zurückgezogen in der Nähe einer größeren Stadt und läßt sich von der Invalidenversicherung die große Menge neuer Spielzeuge bezahlen, die er täglich verschlucken muß. Wie aber das Kind in ihn hineingekommen ist, ist bis heute nicht bekanntgeworden.

Die Kleider des Herrn Zogg

Eines Morgens, als der Wecker läutete, stand Herr Zogg einfach nicht auf. Dabei hatte er ihn selbst gerichtet, auf 7 Uhr, wie immer, denn um 8 Uhr mußte er im Büro sein. Es wurde Viertel nach 7, Herr Zogg schlief weiter, es wurde halb 8, Herr Zogg schlief immer noch, es wurde Viertel vor 8, und Herr Zogg schnarchte sogar.

»Kameraden«, sagte da die Hose zu den andern Kleidern, die über dem Stuhl hingen, »wir müssen wohl.« Da kroch die Unterhose in die Hose, Leibchen und Hemd stopften ihre Enden in die beiden hinein, die Krawatte schlang sich um den Hemdkragen, die Jacke schob sich über das Hemd, die Socken stellten sich in die Schuhe, und dann gingen sie alle die Treppe hinunter vors Haus, fuhren im Bus zum Büro, in dem Herr Zogg arbeitete, und nahmen dort den Platz hinter seinem Pult ein. Immer, wenn jemand hineinschaute, wühlten sie in irgendeinem Stoß Papier, und als Herr Zogg gegen Mittag im Geschäft vorsprach und nur ein Badetuch um die Hüften gewickelt hatte, wollte man ihn nicht kennen und schickte ihn sofort wieder weg.

An diesem Tag war Zahltag, und sobald die Kleider das gelbe Couvert mit dem Geld bekommen hatten, beschlossen sie, einmal richtig Ferien zu machen und verreisten noch am selben Tag nach Italien.

Herr Zogg aber mußte sich eine andere Arbeit suchen. So wie er angezogen war, fand er nur eine Stelle als Bademeister und riß fortan Billette ab, leerte Abfallkübel, rettete Ertrinkende und fühlte sich soweit ganz gut, nur in der Garderobe arbeitete er nicht so gern, denn beim Anblick der vielen aufgehängten Kleider war es ihm immer ein bißchen unheimlich.

Der alte Mann

Ein Wanderer kam einmal in einem großen Wald
in den Bergen vom Weg ab und verirrte sich dermaßen, daß er schon dachte, er werde die Nacht
im Freien verbringen müssen. Als es dunkelte,
sah er aber glücklicherweise ein Licht. Er ging nä-
her und kam zu einem Felsen, an dem ein Haus
gebaut war, und zwar so, daß der Felsen die
Rückwand des Hauses bildete. Der Wanderer
klopfte an, und ein alter Mann machte die Türe
auf.

Als ihm der Wanderer seine Lage erklärt hatte, sagte der alte Mann, bis zur nächsten Straße sei es zu weit und zu gefährlich, er könne ruhig bei ihm übernachten. Erleichtert trat der Wanderer ein, und der alte Mann zeigte ihm sein Zimmer und lud ihn ein, mit ihm zu Nacht zu essen.

Eigenartig, dachte der Wanderer, daß der alte Mann das Bett umgekippt hat, aber vielleicht hat er es lange nicht gebraucht.

Er ging in die Stube, wo der alte Mann schon das Essen aufgetragen hatte. Zwei Teller lagen umgekehrt auf dem Tisch, und eine Flasche mit Wein stand so da, daß der Flaschenhals auf dem Tisch balancierte.

»Guten Appetit«, sagte der alte Mann, hob seinen Teller ganz leicht und holte sich ein Stück Käse hervor, dann ließ er den Teller wieder über dem Essen zuschnappen. Der Wanderer getraute sich nicht, etwas anderes zu machen als sein Gastgeber, griff auch unter den umgekehrten Teller und holte sich seine Käsestücklein hervor, und als der alte Mann blitzschnell seinen Kopf unter den Flaschenhals schob und einen Schluck Wein trank, ohne daß ein Tropfen danebenging, versuchte es der Wanderer auch, aber er verschüttete fast den halben Wein auf sein Hemd.

»Die Toilette«, sagte der alte Mann, »ist da drüben, ich gehe schon schnell.« Er ging hinein, der Wanderer hörte, wie gespült wurde, und der alte Mann kam wieder heraus, tropfnaß von oben bis unten. Als der Wanderer auch auf die Toilette ging, sah er, daß die Schüssel auf halber Höhe umgekehrt an der Wand befestigt war. Kopfschüttelnd pinkelte er zum Fenster hinaus, und als er zurück in die Stube kam, war der alte Mann schon schlafen gegangen. Der Wanderer begab sich in das Zimmer, das ihm der alte Mann zugewiesen hatte, und begann dort, das umgekehrte

Bett wieder auf die Füße zu stellen. Fast war er fertig damit, da ging die Türe auf, und der alte Mann fragte: »Was machen Sie da?«

»Ich stelle nur das Bett richtig«, sagte der Wanderer.

»Nein, Sie kehren es um«, sagte der alte Mann.

»Nein, ich stelle es richtig«, sagte der Wanderer und ließ es wieder fallen, »oder können Sie so schlafen?«

»Natürlich«, sagte der alte Mann, sprang mit einem Satz unter das Bett und brachte es fertig, sich so in Leintücher und Decken einzuwickeln, daß er geradezu gemütlich unter der Matratze und dem schwer auf ihm lastenden Bett hervorsah.

Der Wanderer wunderte sich sehr. »Bei Ihnen ist alles verkehrt«, sagte er, »morgen zeige ich Ihnen, wie es richtig ist.«

Am andern Morgen stellte er das Geschirr richtig auf den Tisch, half dem alten Mann, die Toilettenschüssel richtig anzubringen, und stellte auch die Betten auf die Füße.

»Sie haben mir sehr geholfen«, sagte der alte Mann, als er merkte, daß auf diese Art alles viel leichter ging, und der Wanderer mußte ihm beim Abschied versprechen, ihn wieder zu besuchen.

Als er im nächsten Sommer wiederkam, bat ihn der alte Mann etwas verlegen hinein, und siehe da, das Geschirr stand wieder verkehrt herum, die Toilettenschüssel war wieder in halber Höhe verkehrt befestigt, und die Betten streckten die Füße nach oben.

»Wissen Sie«, sagte der alte Mann, »es ist vielleicht schon mühsamer auf diese Weise, aber ich bin es einfach so gewöhnt.«

»Das verstehe ich«, sagte der Wanderer laut, »das verstehe ich.« Trotzdem rannte er sofort wieder zur Türe hinaus und eilte mit langen Schritten durch den Wald davon.

Der Gärtner

Es war einmal ein Gärtner, der war dafür bekannt, daß er einen steinernen Hintern hatte.

Viele Leute besuchten ihn deswegen, tasteten, während er die Beete begoß, sein Gesäß ab oder tätschelten ihn verstohlen drauf, wenn er im Treibhaus stand. »Es ist nicht zu fassen«, sagten sie dann zueinander, »der hat tatsächlich einen Hintern aus Stein.«

Von seinen Blumen aber sprach nie jemand.

Das Land in der Stadt

Ein Stück Land wollte einmal in die Stadt gehen. Es hatte schon viel von den Autos gehört, den Motorrädern und den Tramzügen, die dort in unendlicher Anzahl zwischen unendlich vielen Häusern herumfahren sollten. Das wollte es sehen.

Es machte sich also auf den Weg. Von der Waldlichtung, in der es bis jetzt tagein, tagaus gelegen hatte, ging es über einen Holzweg bis zur nächsten Straße. Dort machte es Autostopp und wurde bald von einem Eierlastwagen mitgenommen, der in die Stadt fuhr.

Als es dort ausstieg, machte es große Augen. Das waren ja noch viel mehr Motorräder und noch viel mehr Trams, und vor allem noch viel mehr Autos, und das lustigste war, alle Autos hupten dauernd vor sich her. Das Landstück mußte unheimlich lachen.

»Warum hupen denn alle Autos?« fragte es einen Autofahrer, der neben ihm stillstand und seinen Arm müde zum Fenster hinaushängen ließ. »Wegen dir«, sagte der, »du verstopfst hier alles.«

Das Stück Land machte vor Schreck einen großen Sprung, direkt auf ein Trottoircafé, wo viele Tischchen und Stühle umfielen, Gläser klirrten, Eis aus großen Bechern auslief und sich die Leute Erde und Graswurzeln aus den Gesichtern wischten. »Was ist denn das für eine elende Sauerei?« riefen sie, und beim Versuch, sich aufzurappeln, stolperten sie über das Land und fielen gleich nochmals hin.

In solchen Fällen kommt in der Stadt sehr rasch die Polizei. Sie verhafteten das Stück Land, nahmen es mit auf den Posten, und es mußte ganz genau angeben, woher es kam und was es in der Stadt gemacht hatte. Die Nacht über sperrte man es in eine Gefängniszelle, am Morgen legte es die Wolldecken wieder zusammen, und dann brachte man es dorthin zurück, wo es hergekommen war.

»Wie war es in der Stadt?« fragte eine alte Buche.

»Nicht schön«, sagte das Land.

Der Wind strich durch die Buchenblätter, und sie rauschten leise.

Der Mann mit der braunen Mütze

Ein Mann mit einer braunen Mütze ging kürzlich durch die Stadt. Beim Hauptbahnhof blieb er eine Weile stehen und schaute den Leuten zu, die mit Koffern, Mappen und Taschen durch das Hauptportal hinein- und hinausgingen. Plötzlich rief er sehr laut: »Soso!« Dann ging er weiter.

Er trat in ein großes Warenhaus, das kein einziges Fenster hatte, und ließ sich zwischen Frauen, die in Halstüchern wühlten, und Männern, die einen neuen Wein probierten, zum Fuß der Rolltreppen schubsen. Er schaute eine Weile zu, wie sich die Leute auf der einen Treppe unbeladen hinauf- und auf der andern Treppe schwer beladen hinunterfahren ließen, und rief auf einmal sehr laut: »Soso!« Dann ging er schnell hinaus und marschierte weiter.

Bald kam er zu einer Autounterführung, durch die man auch auf einem schmalen, von der Straße mit einem Geländer abgetrennten Fußgängersteg gehen konnte. In der Mitte der Unterführung blieb der Mann mit der braunen Mütze stehen und schaute eine Weile zu, wie Dutzende von Autos in die eine Richtung flitzten und Dutzende von Autos in die andere Richtung. Schließlich rief er sehr laut: »Soso!« und ging weiter, während das Echo seines Ausrufs vom Motorenlärm verschluckt wurde.

Am Ausgang der Unterführung stand ein großes Hochhaus mit vielen blauen Fenstern. Die Fenster waren alle geschlossen, und man sah auch nicht, was in diesem Haus gemacht wurde, weil die Scheiben so stark spiegelten, daß man in ihnen nur den Himmel und die Wolken erblickte. Der Mann mit der braunen Mütze wartete eine Weile, ob vielleicht irgendwo ein Fenster aufgehe, es ging aber keins auf. Da rief er sehr laut: »Soso!« und wartete noch ein bißchen, und als immer noch keins aufging, rief er außerordentlich laut: »Soso!« Dann ging er weiter.

Er erreichte einen schönen Park am See, in dem viele Leute langsam hin und her gingen, sich auf rotgemalte Bänke setzten und den andern

Leuten zuschauten, wie sie hin und her gingen. Mütter und Großmütter stießen Kinderwagen vor sich her, ältere Männer warfen den Tauben kleine Brotreste hin, Kinder, die schon laufen konnten, rannten in die Taubenschwärme hinein und ließen sie aufflattern, und am Seeufer hatte es große Steinplatten, auf denen junge Leute saßen und Gitarre spielten oder einander liebkosten. In der Mitte des Parks war ein Denkmal von einem Raubvogel und einem nackten Jüngling, der die rechte Hand zum Raubvogel hielt und mit der linken in den Himmel zeigte. Unter dieses Denkmal stellte sich der Mann mit der braunen Mütze, schaute den Leuten eine Weile zu und rief dann so laut er konnte: »Soso!« Einige blieben nun stehen und warteten, ob ihnen der Mann noch etwas sagen wollte, aber er sagte nichts mehr und ging rasch weiter.

Als er zur Hauptwache kam, vor der eine
Menge Polizeiautos mit roten Streifen und
blauen Dachlichtern parkiert waren, stellte er
sich vor dem Eingang auf und rief, ohne zu zö-
gern: »Soso!«

Er wurde sofort von zwei Polizisten festge-
nommen und in das Gebäude geführt. Dort be-
fragte man ihn ausführlich, suchte ihn auch nach
Waffen ab, und erst als die Polizisten ganz sicher
waren, daß er nichts anderes im Sinn hatte, als
einfach »Soso!« zu rufen, gingen sie mit ihm wieder vor das Gebäude und sagten: »Wir haben es
zwar nicht gern, wenn Sie ›Soso‹! rufen, aber ver-
boten ist es leider nicht. Darum lassen wir Sie
jetzt wieder laufen.«

Und wißt ihr, was er darauf gesagt hat, der
Mann mit der braunen Mütze?

Ja, genau das.

Der schlecht versorgte Knopf

Jeden Morgen, wenn sich der General an seinen Tisch setzte, machte er die Schublade auf und nahm den roten Knopf hervor, und am Abend, bevor er nach Hause ging, versorgte er ihn wieder. Eines Morgens, als er die Schublade öffnete, war der Knopf nicht darin. Der General wurde zuerst bleich, dann rötlich und schlug schließlich voller Zorn mit der Faust auf den Tisch, genau auf den roten Knopf, worauf die ganze Welt in Rauch und Flammen unterging.

> Jedes Ding am rechten Ort
> Erspart viel Müh' und böses Wort.

Der dumme Vulkan

Es war einmal ein Vulkan, der war sehr berühmt,
weil er alle zehn Minuten einen Ausbruch hatte,
bei dem er feurige Lava in die Luft schleuderte.

Die Leute kamen von weither, um ihn zu bewun-
dern, und ihm gefiel es, wie alle »Aaaaah!« riefen,
wenn seine Ladung in die Höhe ging, vor allem
nachts. Leider war er aber sehr dumm und fand,
er sei noch zu wenig berühmt. Fast nie sah man
ihn im Fernsehen, und auch die Zeitungen

schrieben nur selten über ihn. Da dachte er sich etwas aus, wie er noch berühmter werden könnte.

Es war bekannt, daß er seine Ladung immer auf den linken Rand des Kraters fallen ließ, von wo sie dann mit großem Gepolter über eine lange Geröllhalde bis ins Meer hinunterkollerte. Deshalb standen die Leute, die ihm zuschauten, immer auf dem rechten Rand des Kraters. Es gab dort sogar einen kleinen Kiosk, an dem man Glacés, Getränke und Postkarten von Ausbrüchen kaufen konnte. So war niemand darauf gefaßt, als der Vulkan eines Tages seine Lava plötzlich auf den rechten Rand fallen ließ. Über hundert Leute kamen ums Leben, Dutzende blieben verletzt liegen, und der Kiosk wurde vollkommen zerstört. Aber man muß zugeben: Jetzt waren die Zeitungen auf der ganzen Welt voll mit Bildern vom Vulkan, im Fernsehen erschien er in langen Sendungen, und Menschen in weit entfernten Ländern, die vorher noch nie seinen Namen gehört hatten, sprachen jetzt von ihm wie von einem alten Bekannten.

Ja, manchmal haben eben auch die Dummen recht.

Der König, ganz für sich

Ein König zog sich einmal nach dem Essen in sein hinterstes Zimmer zurück, schloß die Türen ab, machte die Läden des großen Fensters zu, und als er sich versichert hatte, daß er wirklich allein war, lockerte er seinen Gürtel, ließ die Hosen herunter und machte einen großen Furz.

Da hatte er aber Pech. Ich stand nämlich am kleinen Fenster und habe alles gesehen und erzähle es euch jetzt.

Die drei Söhne

Ist euch auch schon aufgefallen, daß es in den Märchen meistens dem jüngsten Sohn am besten geht? Ich finde das gemein den älteren Söhnen gegenüber, und deshalb erzähle ich euch jetzt ein Märchen, in dem es dem jüngsten Sohn am schlechtesten geht.

Es war einmal ein Bauer, der hatte drei Söhne.

Der älteste war fleißig, der zweite war stark, der dritte aber war dumm und hatte nichts als Flausen im Kopf.

Als nun die Zeit kam, da der Bauer sterben sollte, rief er die drei Söhne zu sich und sagte: »Ich bin alt und fühle, daß ich bald sterben muß. Da ich nicht weiß, wie ich mein Gut unter euch aufteilen soll, möchte ich, daß jeder einen Tag lang das tut, was er am besten kann, und danach will ich euren Teil bemessen.«

»Ei«, dachte der älteste, »ich kann gut mähen«, stand am kommenden Morgen in aller Frühe auf und mähte den ganzen Tag, so daß am Abend, als er mit halb gebrochenem Rücken zurückkam, auf allen Wiesen des Gutes die Heuhäuflein lagen, als hätte sie der Herrgott selber hingestreut.

»Und ich«, dachte der zweitälteste, »ich kann gut Bäume fällen«, ging schon vor dem ersten Hahnenschrei in den Wald, fällte dort die drei dicksten und größten Tannen, rindete und astete sie ab, daß es eine Art hatte, und schleppte sie mit dem Pferdegespann in des Vaters Hof, wo er sie bei Sonnenuntergang hinlegte.

Der jüngste Sohn schlief zuerst tüchtig aus und überlegte sich dann lange, was er tun könnte. »Ich glaube«, sagte er halblaut zu sich, »am besten kann ich singen«, und er hub an, unter dem Fenster seines Vaters zu singen. Als er zwei Lieder gesungen hatte, fiel ihm keins mehr ein, und er hörte auf. »Eigentlich kann ich nichts«, dachte er bei sich, ging hin und legte sich wieder schlafen, bis der Abend kam.

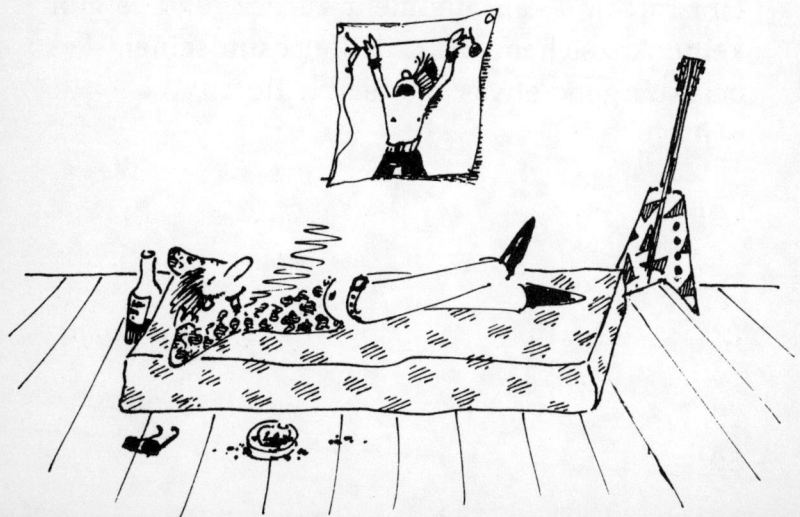

Als der Tag zu Ende war, rief der Vater die drei Söhne zu sich und teilte ihnen mit, was er beschlossen hatte. »Du«, sagte er zum ältesten, »kannst gut mähen, deshalb bekommst du alle Wiesen meines Gutes. Und du«, sagte er zum zweitältesten, »kannst gut Bäume fällen, deshalb sollen dir alle Wälder meines Gutes gehören. Und du«, fuhr er fort, indem er sich zum jüngsten wandte, »du kannst nichts, und deshalb bekommst du nichts.«

Bald danach starb der Vater, und die beiden älteren Söhne übernahmen das Gut, wie es der Vater angeordnet hatte. Beide brachten es durch kluge und fleißige Bewirtschaftung dazu, daß sie ihren Besitz erweitern konnten und angesehene Männer wurden, der jüngste aber zog bald vom Hof fort und kam nie mehr zurück, und es gibt keine Anzeichen dafür, daß er es in seinem Leben zu irgend etwas gebracht hätte.

Märchen ohne verzauberte Prinzessin

Es war einmal ein Prinz, der wollte auf keinen Fall eine verzauberte Prinzessin befreien. Zwar bekam er fast jeden Tag einen Brief mit einer Anfrage, aber er beantwortete keinen, er merkte sich bloß, woher er kam, und machte dort ein Kreuzlein auf der Weltkarte.

Als er eines Tages auf eine große Reise ging, wie das jeder Prinz einmal tun muß, wählte er einen Weg, der keinem dieser Kreuzlein zu nahe kam. Das gab eine seltsame Zick-Zack-Route, doch der Prinz wußte schon, was er tat.

»Ich bin mutig und tapfer«, dachte er, »aber ich bin nicht klug genug, um irgendwelche Rätsel zu lösen.« Obwohl er sich auch immer Mühe gegeben hatte, keine Ameise zu zertreten, hatte ihm noch nie eine ihre Hilfe angeboten, falls er einmal Erbsen und Linsen sortieren müßte. Dafür stürzte er sich in jede Schlacht, die gerade tobte. Am besten war er in der Panzerabwehr. Er hatte immer ein paar Panzerfäuste in seiner Tragtasche, und wenn er eine abfeuerte, traf sie auch. Das wurde bald bekannt, und deshalb fragten ihn die Kirgisen, ob er ihnen nicht beim Kampf gegen die Burjäten helfen könne, die sie immer wieder mit ihren Panzern überfielen. Vor allem gelinge es ihnen nie, den burjätischen Führungspanzer zu treffen, den man an einem silbernen Streifen am Geschützturm erkenne.

Der Prinz freute sich auf seine Aufgabe. Er wartete mehrere Monate in der großen Grenzsteppe auf den Überfall der burjätischen Armee. Endlich, eines frühen Morgens, rasselten die Panzer heran, und die kirgisische Abwehr feuerte aus allen Rohren. Trotzdem rückten die Feinde unaufhaltsam vor, angeführt vom Panzer mit dem Silberstreifen. Der Prinz hatte sich eigens eine Panzerfaust mit einem silbernen Streifen angefertigt und schoß sie zielsicher ab. Wie groß war aber sein Erstaunen und das aller Soldaten, als nach der Explosion statt des Panzers eine wunderschöne Jungfrau mit einem silbernen Stirnband dastand und sofort auf den Prinzen zueilte. »Du hast mich erlöst!« rief sie laut, als sie ihn in ihre Arme schloß. »Sieben Jahre lang war ich in einen Panzer verzaubert, und nun ist der Bann gebrochen!«

Der Prinz war zuerst etwas verärgert, aber die Prinzessin hatte so schöne Mandelaugen, daß er sie sofort heiratete und sehr glücklich mit ihr wurde. »Nun habe ich zwar«, sagte er sich, »doch eine Prinzessin befreit, aber wenigstens mußte ich keins dieser einfältigen Rätsel lösen.«

Der kluge Bär

Ein Mädchen wohnte einmal, das ist lange her, ganz allein im Wald. Wie es dazu kam, daß niemand sonst bei ihm war, weiß ich nicht, ich weiß nur, daß das recht gefährlich war, gerade früher, als es noch Räuber, Geister und wilde Tiere gab.

Das Mädchen bekam das auch zu spüren.

Jeden Tag, wenn es wegging, schlich ein böser Zwerg in sein Häuschen und stürzte Tisch, Bett und Stühle um, zerschlug auch alles Geschirr, das er erreichen konnte, und richtete überhaupt eine entsetzliche Unordnung an.

Das Mädchen hatte es zuerst mit Güte versucht und dem Zwerg ein Breilein hingestellt oder ein neues Samtwams gestickt, aber es erntete nur Hohn und ärgere Verwüstungen, jetzt lag sogar der ausgeleerte Abfallkübel unter der Bettdecke. Da bastelte es eine Zwergenfalle, doch der Zwerg war viel zu schlau, um hineinzutreten. Das Mädchen dachte schon daran, sein Waldhäuschen für immer zu verlassen, da klopfte eines Abends ein Bär an seine Türe. Es machte ihm auf und teilte mit ihm sein Abendessen, und das traf sich sehr gut, denn es gab Ho-

nigbrote. Der Bär strich sich nachher mit der
Pfote über die Schnauze und sagte:

»Mädchen, Mädchen, süß und weich,

Schwimm am Morgen in dem Teich!«

Dann legte er sich gleich hinter die Haustür
und begann zu schlafen.

Am andern Morgen war der Bär verschwunden, aber das Mädchen erinnerte sich an seine
Worte und dachte, vielleicht ist da etwas dran. Es

ging zum Waldteich, der in der Nähe seines Häuschens war, legte seine Kleider unter eine alte Eiche und schwamm zum Seeroseninselchen hinaus. Kaum hatte es ein paar Züge gemacht, flitzte der Zwerg aus einem Baumspalt und nahm mit einem häßlichen Lachen die Kleider des Mädchens unter den Arm. Darauf hatte der Bär gewartet, der sich hinter dem Eichenbaum versteckt hielt. Mit einem kräftigen Prankenschlag tötete er den bösen Zwerg und gab dem Mädchen seine Kleider zurück.

Das Mädchen war sehr glücklich. Es dankte dem Bären und sagte zu ihm: »Sicher bist du ein verzauberter Prinz. Sag mir, wie ich dich erlösen kann.«

»I wo«, sagte der Bär, »ich bin ein Bär und fühle mich wohl. Als Mensch käme ich mir schön blöd vor.«

Trotzdem kam er von jetzt an jeden Abend in das Häuschen des Mädchens zum Nachtessen, schlief die Nacht hinter der Haustüre und ging beim Morgengrauen wieder fort, und die beiden blieben gute Freunde ihr Leben lang.

Ektisch

Das Ektische gehört zu den toten Sprachen und scheint mir deshalb die interessanteste von allen zu sein, weil sie nur zwei Wörter hatte. Das erste hieß »M« und das zweite »Saskrüptloxptqwrstfgaksolömpääghrcks«. »M« ist weiblich und heißt »Was ist denn jetzt wieder los?«, und »Saskrüptloxptqwrstfgaksolömpääghrcks« ist männlich und heißt »Nichts«.

Das kam daher, daß die Ekter in einem erloschenen Vulkantrichter lebten, der tief im Innern immer noch rumorte. Jedesmal, wenn es rumpelte, schossen die Ekterinnen erschreckt auf und riefen: »M?«, worauf ihre Männer mit beruhigender Stimme sagten: »Saskrüptloxptqwrstfgaksolömpääghrcks«. Das war das einzige, worüber die Ekter sprachen, alles andere erledigten sie in so großer Eile, daß ihnen keine Zeit zum Sprechen blieb.

Ein unruhiges Land muß das gewesen sein, dieses Ektien. Einmal kam es infolge von ungewöhnlichen Häufungen des Vulkangrollens sogar zu politischen Demonstrationen, bei denen eine große Zahl von Ektern vor das Rathaus zog

und in Sprechchören die Worte »M!M!M!« aus-
rief, worauf der ektische Präsident auf den Bal-
kon des Rathauses trat und in einer großen Rede
versicherte: »Saskrüptloxptqwrstfgaksolömpääghrcks!«

Dies stimmte allerdings nicht ganz, und der
Präsident selbst wußte das auch, aber unglückli-
cherweise hatte er keine weiteren Ausdrücke zur
Verfügung, und so gehört das Ektische heute zu
den ausgestorbenen Sprachen.

Das Bartfett

Ein Mann, der den Namen Oskar Vandenbeuren
trug, machte einmal eine Erfindung. Es gelang
ihm nämlich, aus verschiedenen Substanzen ein
Bartfett herzustellen. Dieses Fett bewirkte, daß
ein Bart durch und durch fettig wurde, und zwar
auf Jahre hinaus.

Nach einem solchen Fett bestand aber überhaupt kein Bedürfnis, und so wandte sich Oskar
Vandenbeuren wieder anderen Beschäftigungen
zu.

Eine ganz neue Erfindung

Die meisten Erfindungen sind darauf ausgerichtet, den Leuten eine bestimmte Mühe abzunehmen, ihnen eine Arbeit zu erleichtern, also eine Flaschenabfüllmaschine zum Beispiel nimmt den Leuten die langweilige Arbeit ab, Most in eine Flasche zu schütten und mit einem Deckel abzuschließen, und wo früher 30 Leute ein Leben lang abfüllten und zuschraubten, steht jetzt nur noch einer und schaut der Maschine bei der Arbeit zu, vielleicht sitzt er sogar.

Heute ist es aber so, daß der eine oder andere ganz froh wäre, er könnte wieder Most abfüllen, nicht gerade ein Leben lang, aber sagen wir ein halbes Jahr oder auch ein ganzes, denn inzwischen sind so viele Erfindungen gemacht worden, daß sie den Leuten mehr Arbeit abgenommen haben, als die Leute eigentlich abgenommen haben wollten.

Deshalb ist es Zeit für eine andere Art von Erfindungen, Erfindungen nämlich, die den Leuten Arbeit bringen, statt sie ihnen abzunehmen, und ich habe damit den Anfang gemacht, indem ich eine neue Bleistiftspitzmaschine erfunden habe.

Nun gibt es an sich schon Bleistiftspitzmaschinen, und meine Bleistiftspitzmaschine sieht vorne auch genauso aus wie alle andren Bleistiftspitzmaschinen, die Neuerung beginnt erst beim Hebel, mit dem man den Bleistift gegen das Spitzwerk dreht. Dieser Hebel ist bei mir nicht vorhanden, sondern an seiner Stelle befindet sich eine Turnhalle. Die eine Hälfte dieser Turnhalle, die vordere nämlich, wird von einer Konstruktion aus Zahnrädern und Transmissionsriemen ausgefüllt, die zweite Hälfte nimmt ein Trampolin ein, das sich in Bodennähe befindet. Um dieses Trampolin herum führt in erhöhter Lage ein Laufsteg für ca. 30 Personen. Wird nun vorn ein Bleistift in die Maschine eingeführt, so löst das in der Turnhalle ein Tonband aus, auf welchem eine aufmunternde Stimme »Hoppla!« ruft. Auf dieses »Hoppla!« springen alle 30 Personen auf das Trampolin, werden gegen die Decke der Turnhalle geschleudert und ergreifen dort einen mit der Maschine verbundenen Balken. Durch das Gewicht der gleichzeitig anfassenden 30 Personen wird der Balken langsam heruntergedrückt und setzt das ganze vielrädrige Übertragungswerk in Gang, welches so berechnet ist, daß bei der Ankunft des Balkens knapp

über Trampolinhöhe der eingeführte Bleistift ge-
spitzt ist. Die 30 Personen lassen den Balken los,
gelangen über Kletterstangen wieder auf den
Laufsteg, der Balken wird hydraulisch auf seinen
Ausgangspunkt gehoben, und die Maschine ist
bereit für den nächsten Bleistift.

Wenn nun jemand einwendet, diese Maschine
werde sich gegenüber dem normalen Bleistift-
spitzer nicht durchsetzen können, da man eine

Turnhalle mieten und 30 Leute bezahlen muß, um einen Bleistift spitzen zu können, so möchte ich ihm nur sagen, daß solcherart die Maschinen der Zukunft beschaffen sein werden, ob es ihm paßt oder nicht, und daß ich mehr als einen Menschen kenne, der lieber ein paarmal am Tag auf ein Trampolin springen würde als an einer Drehbank irgendwelche Bestandteile herzustellen, zum Beispiel für eine Bleistiftspitzmaschine.

Der Verkäufer und der Elch

Kennt ihr das Sprichwort »Dem Elch eine Gasmaske verkaufen«? Das sagt man im Norden von jemandem, der sehr tüchtig ist, und ich möchte jetzt erzählen, wie es zu diesem Sprichwort gekommen ist.

Es gab einmal einen Verkäufer, der war dafür berühmt, daß er allen alles verkaufen konnte. Er hatte schon einem Zahnarzt eine Zahnbürste verkauft, einem Bäcker ein Brot und einem Obstbauern eine Kiste Äpfel.

»Ein wirklich guter Verkäufer bist du aber erst«, sagten seine Freunde zu ihm, »wenn du einem Elch eine Gasmaske verkaufst.«

Da ging der Verkäufer so weit nach Norden, bis er in einen Wald kam, in dem nur Elche wohnten.

»Guten Tag«, sagte er zum ersten Elch, den er traf, »Sie brauchen bestimmt eine Gasmaske.«

»Wozu?« fragte der Elch. »Die Luft ist gut hier.«

»Alle haben heutzutage eine Gasmaske«, sagte der Verkäufer.

»Es tut mir leid«, sagte der Elch, »aber ich brauche keine.«

»Warten Sie nur«, sagte der Verkäufer, »Sie brauchen schon noch eine.«

Und wenig später begann er mitten in dem Wald, in dem nur Elche wohnten, eine Fabrik zu bauen.

»Bist du wahnsinnig?« fragten seine Freunde.

»Nein«, sagte er, »ich will nur dem Elch eine Gasmaske verkaufen.«

Als die Fabrik fertig war, stiegen soviel giftige Abgase aus dem Schornstein, daß der Elch bald zum Verkäufer kam und zu ihm sagte: »Jetzt brauche ich eine Gasmaske.«

»Das habe ich gedacht«, sagte der Verkäufer und verkaufte ihm sofort eine. »Qualitätsware!« sagte er lustig.

»Die andern Elche«, sagte der Elch, »brauchen jetzt auch Gasmasken. Hast du noch mehr?« (Elche kennen die Höflichkeitsform mit »Sie« nicht.)

»Da habt ihr Glück«, sagte der Verkäufer, »ich habe noch Tausende.«

»Übrigens«, sagte der Elch, »was machst du in deiner Fabrik?«

»Gasmasken«, sagte der Verkäufer.

Der große Zwerg

Es war einmal ein Zwerg, der war 1,89 m groß.

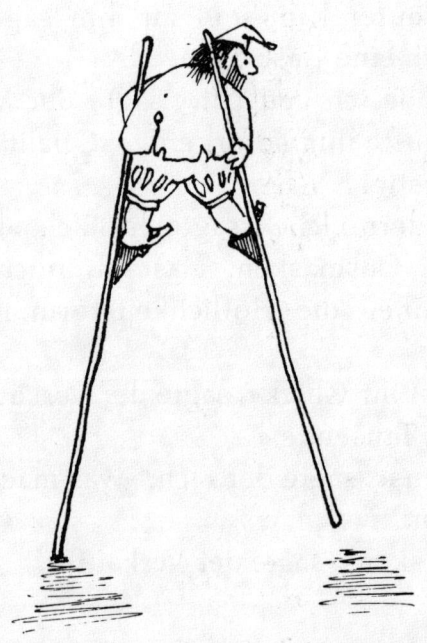